100 sätt att leva klimatsmart

För dig som har viljan men inte energin

Helena Jansson
Mattias Henrikson

100 sätt att leva klimatsmart

För dig som har viljan men inte energin

Ordalaget Bokförlag

Fakta och inspiration har vi hämtat från olika källor: bloggar, böcker, tidningar och en rad olika hemsidor: Energimyndigheten, FTI – Förpacknings- och Tidningsinsamlingen, HSR, KRAV, Naturvårdsverket, SNF Svenska Naturskyddsföreningen, Vägverket och många andra. Vi har också fått tips från allmänheten. Tack till: Sara Andersson, Kristina Aronsson, Carolina Ekman, Marie Helenelund, Josefina Kildjer, Louise Nederberg, Maria Norén, Linus Olsson, Hélène Petters, Terese Scherman, Maria Ståhle, Jonas Svensson, Karin Svensson, Annie Thulin, Carl Thulin, Linda Åkerlund, Nina Åkerlund och Ellinor Ölander.

Ordalaget Bokförlag AB
Box 17018
167 17 Bromma
Tel 08-80 88 48
bok@ordalaget.se

Omslag: Johan Petterson
Formgivning och sättning: Helena Jansson

Tryck: Scandbook, Falun 2010
ISBN: 978-91-85465-97-2

FÖRORD

Mycket handlar om eftertanke. Det är lätt att det rullar på, vi gör det vi brukar göra utan att egentligen tänka efter varför eller om det finns några alternativ.

Det här är boken för dig som någon gång har tänkt: ”Man borde väl göra mer. Men jag orkar inte sätta mig in i det. Och vad spelar det egentligen för roll?”. Det här är också boken för dig som faktiskt bestämt dig för att göra mer men inte riktigt vet hur.

På följande sidor finns 100 förslag samlade på hur du i din vardag kan leva mer klimatsmart utan att behöva göra stora uppoffringar eller ändra livsstil. Du får förslag på hur du sparar på naturens dyrbara resurser och hur du bidrar till att i förlängningen minska på koldioxidutsläppen. Det är enkla, handfasta tips på förändringar. Små för dig, men stora för vår framtid. De ger dig ökad livskvalitet och du gör miljön en tjänst. För visst spelar det roll, det är vi nog alla överens om.

Bromma i februari 2009

INNEHÅLL

1 Ha video-kväll

Al Gore heter han, mannen som på ett fängslande och trovärdigt sätt redogör för vad som håller på att hända med vår planet. I sin film *En obekväm sanning* går han igenom bevisen på att vårt klimat förändras och förklarar varför. Ge honom de 100 minuterna som filmen är lång och lyssna, så får du ett hum om hur allt hänger ihop. Och bli inspirerad till att vilja förändra. Det är bättre sent än aldrig – en klyscha som faktiskt håller. Hyr filmen i din närmaste hyrfilmsbutik.

HEMMET

4 Frys in smartare

Se till att maten är kall innan du ställer in den i kylen, och när du ska frysa in mat, gör det gärna i tunna paket. Tunna paket fryser snabbare och det sparar energi. Dessutom tinar de snabbare när du tar fram dem igen, och det sparar både på energin och ditt tålamod.

5 Utnyttja värmen

Stäng av plattan eller ugnen några minuter innan det du tillagar faktiskt är färdigt. Du kan vara lugn – värmen försvinner inte, maten blir klar. Och det är ingen idé att förvärma ugnen på en högre temperatur, den blir nämligen inte fortare varm för det.

6 Håll temperaturen

Vet du hur kall din frys är? Ta en närmare titt – frysen bör vara –18°C, varje grad under det ökar elförbrukningen med omkring fem procent, och kylen 4–6°C, varken mer eller mindre. Placera helst inte kylen eller frysen nära spisen eller på en plats där solen ligger på, detta drar onödig energi.

7 Avfrosta ofta

Att frosta av frysen ser man sällan fram emot. Det tar ganska mycket av din tid i anspråk och dessutom måste du passa upp den med grytor och andra kärl för att inte köket ska förvandlas till en badplats. Och var förvarar man all fryst mat under tiden? Men en avfrostad frys drar mycket mindre energi. Passa på att frosta av frysen en kall vinterdag, har du balkong eller veranda passar den perfekt som tillfällig förvaringsplats. Och ju oftare du frostar av den, desto snabbare går det!

8 Matlådan är het

Har det slagit dig hur väl inpackad färdigmat är? Och hur mycket energi som går åt när den ska lagas, paketeras, frysas, fraktas, kanske tinas upp igen för att slutligen åter igen tillagas av dig? Förutom att innehållet är tvivelaktigt för din hälsa, är färdigmat dåligt för vår planet. Laga din egen mat! Det som blir kvar av kvällens middag kan lätt skrapas ner i en förvaringslåda och ställas in i kylen över natten. Dagen därpå har du den godaste matlådan. Förutom miljöaspekten vet du vid följande lunch vad du får, du sparar pengar och variation förnöjer! Komplettera med frukt om det blev för litet mat.

9 Den som spar han har

Turkisk yoghurt-burkar, glasburkar, glasslådor och andra tömda burkar och lådor fungerar ypperligt som förvaringsboxar för t ex överbliven mat, kryddor, kritor, sytillbehör, fröpåsar … Listan kan göras lång.

10 Vädra först ...

Häng kläderna på en galge och vädra dem innan du automatiskt slänger ner dem i tvättkorgen. Det går åt mindre energi, mindre vatten och mindre tvättmedel. Inga kläder mår bra av att tvättas så mycket som de faktiskt blir. Ingen, allra minst miljön, mår bra av detta. Dessutom håller kläderna längre. Bor du i lägenhet? Det funkar ypperligt att hänga galgen över en dörr eller i fönstret.

11 ... tvätta sen

När du väl ska tvätta, fyll maskinen helt. Och tvätta hellre i 40°C än varmare, våra kläder är sällan smutsigare än att fläckar och annat går bort. Du sparar energi och kläderna håller längre.

12 Nyttja vinden

När du ska torka din tvätt mår miljön bättre av att du lufttorkar den. Att torka i torktumlare eller i torkskåp drar flera gånger mer energi än själva tvättningen. I många gemensamma tvättstugor finns särskilda rum där du kan hänga dina lakan och handdukar. Bor du i villa eller har torp, häng ut tvätten och låt solens strålar och vindens pustar hjälpa till. Glöm då inte att använda klädnypor av trä.

13 Tänd ett stearinljus

Många ljus innehåller paraffin, vilket är en oljeprodukt som orsakar större koldioxidutsläpp när de brinner än stearin. Välj stearinljus som innehåller stearin till 100 %. Om alla svenskar som tänder levande ljus bara använder ljus av stearin skulle det minska våra koldioxidutsläpp lika mycket som om vi plockade bort 15 000 bensindrivna bilar från våra vägar. Dessutom sprider ett stearinljus inte bara ett härligt sken utan också en bättre doft.

14 Rensa luften

Vädra kort men intensivt. Den allra bästa och klimatsmarta vädringen gör du genom att öppna fler fönster så att det blir tvärdrag. På så sätt smiter minst värme och energi ut med dammet.

15 Inte behöver väl vi spara på vattnet?

Jo. För även om vi i Sverige har gott om vatten innebär själva vattenanvändningen energiförbrukning. Och genom att spara på energin minskar vi på de utsläpp som orsakas av energitillverkningen. Kort sagt.

16 Stäng av vattnet!

Det kan tänkas vara en självklarhet, men väldigt många gör det inte – stänger av vattnet när de borstar tänderna! Så enkelt. Och beroende på hur länge du borstar kan du spara några liter vatten varje gång du rengör tänderna.

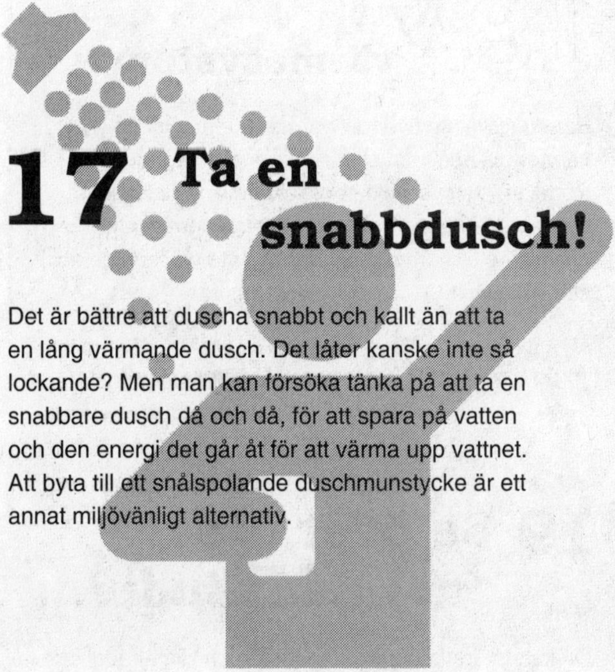

17 Ta en snabbdusch!

Det är bättre att duscha snabbt och kallt än att ta en lång värmande dusch. Det låter kanske inte så lockande? Men man kan försöka tänka på att ta en snabbare dusch då och då, för att spara på vatten och den energi det går åt för att värma upp vattnet. Att byta till ett snålspolande duschmunstycke är ett annat miljövänligt alternativ.

18 Nytt värmesystem?

Bor du i villa, se över ditt värmesystem. Om du värmer ditt hus med el eller olja – överväg att byta. Installation av värmepump, solvärme, pelletskamin, byte av oljebrännaren till en pelletsbrännare eller anslutning till fjärrvärme lönar sig ofta och kan ge en stor miljövinst.

19 Se över din energianvändning

Du kan få gratis råd av en energi- och klimatrådgivare i din kommun om hur du kan minska din användning av energi. Det kan handla om allt från lågenergilampor till tilläggsisolering och byte till treglasfönster. Surfa in på www.energimyndigheten.se/sv/hushall/din-livsstil så får du kontaktinformation till rådgivare i Sveriges alla kommuner.

20 Täta fönster

En hel del värme från huset försvinner genom fönstren. Se till att fönstren är ordentligt tätade. Är fönstren i dåligt skick och du bor i villa eller bostadsrätt kan du byta till energifönster. Du kan minska värmeförlusterna från de tvåglasfönster du redan har genom att sätta in en isolerruta eller sätta in en tredje ruta på insidan.

21 Ta hand om värmen

Ställ inte möbler för nära elementen, då får värmen svårt att nå ut. Bor du i villa? Isolera huset bättre. Ca 15 % av värmen försvinner genom taket. Håll dörren stängd till kalla utrymmen. Sänk värmen i rum som du sällan använder. Sänk värmen när du reser bort. Täta dragiga fönster och ytterdörrar.

22 Dra ner värmen ett snäpp

En grad motsvarar 5 % av uppvärmningskostnaden. Men man ska inte behöva frysa – ta på ett par sockor, ha en extra filt i soffan, sitt nära varandra och drick en kopp te. Eller värm en vetekudde. Den gör dig inte bara varm, utan också avslappnad och mjukar upp stela muskler.

23 Lite smartare

Lågenergilampor är ett smart val. En vanlig glödlampa drar nämligen fem gånger så mycket el som en lågenergilampa. Dessutom kostar den tre till fyra gånger så mycket för samma tid. Det är inte alls smart, varken för miljön eller plånboken. Det allra smartaste är att släcka de lampor som inte gör någon nytta, som t ex i ett rum där ingen är.

24 Byt glöd mot lågenergi

Snart är glödlampor ett minne blott, eftersom EU har bestämt att de ska fasas ut under de närmaste åren. 2013 ska alla typer av glödlampor vara förbjudna att säljas, men redan hösten 2009 kommer några sorter att vara borta, bl a den klara 100-wattaren. 2013 är långt bort, varför inte gå före EU? Om alla svenskar bytte till lågenergilampor skulle det spara motsvarande ett helt kärnkraftverk. Då skulle vi kunna exportera den elen till kontinenten, där större delen av all el tillverkas av fossila bränslen som kol och gas.

25 Vampyrerna mitt ibland oss

Inte de som suger blod, men energi. En klockren el-vampyr är mobilladdaren. Och kameraladdaren och alla andra laddare som man utan att reflektera över låter sitta kvar i eluttaget i väggen, även när man laddat klart. Dra ur dem. Det sparar energi.

26 Skit inte i miljön

Du som har småbarn: prova med tygblöja. Under blöjperioden använder barnet 3000–4000 blöjor. Tygblöjor är billigare och snällare mot miljön. Välj gärna de som är miljömärkta och inte innehåller PVC. Tänk på att fylla tvättmaskinen när du tvättar, annars försvinner miljönyttan med tygblöjor.

MATEN

27 Lista mer

Vi slänger mycket mat. Och det beror på att vi handlar på oss för mycket, mer än vi behöver. Ska du laga en ny rätt, eller t ex baka ett bröd, titta efter i receptet och skriv ner på en lapp hur mycket du faktiskt behöver köpa. Det må vara bra minnesträning att inte göra kom-i-håg-listor, men sannerligen inte bra för miljön.

28 Se till säsong

Handla mat efter vad säsongen erbjuder, så får du ofta på ett naturligt sätt lokalt producerade varor. Undvik kinesiska äpplen under bästa svenska äpplesäsong.

29 Handla lokalt

Köp lokalt och säsongsodlat. Köp svenska äpplen under höst och vinter, inte italienska eller – Gud förbjude – kinesiska, som fraktats i en container över oceanerna under en månads tid. En del frukter som fraktas med flyg från andra kontinenter drar riktigt mycket energi. Under vintern flygs färska fikon in från Brasilien. Undvik dem. Lichi är en annan känslig frukt som fraktas med flyg. Fråga i din butik om du är osäker!

30 Skippa flaskvattnet

Svenskar som dricker flaskvatten belastar miljön med lika mycket koldioxid som 16 000 oljeeldade villor! Vattnet ska produceras, forslas först till butiken och sedan till våra hem, och slutligen ska själva flaskorna förbrännas. Ta istället en tillbringare och fyll den med kranvatten, apelsinskivor och isbitar. Läckrare och godare. Och miljösmart. Det kan också gälla för den som alltid dricker öl, vin eller läsk till maten. Varva med kranvatten ibland! Vill du absolut ha bubblor – köp en bubbelmaskin!

31 Grilla rätt

Skippa tändvätskan gjord på paraffin, som är ett fossilt bränsle och avger koldioxidutsläpp när det förbränns. Använd istället klimatsmarta alternativ till grillen, som t ex tändvätska gjord på etanol (det påverkar klimatet mindre), tändpapper med stearin istället för paraffin eller en eltändare. Använd dessutom kol som är SIS- eller FSC-märkt. Det förra innebär att kolet kommer från ett trä som inte är kemiskt behandlat, och det senare att skogen blivit bra skött ur miljösynpunkt. På det här sättet smakar det grillade allra bäst!

32 Piffa upp potatisen

Det är mindre energikrävande (och billigare) att koka potatisen jämfört med att ugnsbaka den. Men kokt potatis rakt upp och ner kan i längden bli tråkig. Har du provat att pressa den och ringla olivolja över? Himmelskt gott. Eller göra eget potatismos med riven muskotnöt?

33 Lyxa med musslor

Musslor tar sin föda direkt ur havet och odlas nära kusten, vilket innebär att transporten in till hamn blir kort. Musslor är bland det minst energikrävande du kan stoppa i dig. Och dessutom billig mat. Musslor är godast kokta i vitt vin! Se recept på nästa sida.

34 Moules marinières

"Lyx" för fyra:

ca 40 färska blåmusslor

1 gul lök eller 2 schalottenlökar

2 vitlöksklyftor

3 dl vitt vin

salt och svartpeppar

1 dl crème fraiche

1 knippa persilja

1. Skrapa bort "skägget" från musslorna och skölj dem noga under rinnande vatten. Musslor som inte stänger sig när man knackar på skalet ska slängas.
2. Skala och hacka löken. Fräs den tillsammans med vitlök, salt och svartpeppar i lite matfett. Tillsätt vinet och koka upp. Lägg i musslorna och koka under lock ca 6–7 minuter eller tills de har öppnat sig.
3. Ta upp musslorna och släng de som inte har öppnat sig. Tillsätt crème fraiche och koka upp. Lägg tillbaka musslorna i skyn och klipp över persilja.

Ät gärna bröd till som kan suga upp den goda skyn. Pommes frites och aioli är också gott till.

35 Ät mer kyckling

En kyckling omvandlar sitt foder till kött effektivare än ett nötdjur. Mer tas upp av kroppen, mindre blir gödsel. Dessutom idisslar kycklingar inte och släpper därför inte ut så mycket av växthusgasen metan. Om man jämför kycklingkött med nötkött, så går det åt tre gånger mer energi för att producera nötkött.

36 Ät mer lamm

Lamm håller landskapet öppet i högre grad än andra djur, eftersom de oftare betar ute. Det går dessutom åt nästan hälften så mycket energi att producera lammkött jämfört med nötkött.

37 Ät mindre kött

15–20 % av de globala utsläppen av växthusgaser beräknas komma från djurproduktionen. Produktionen av 1 kg griskött ger cirka 10 gånger större utsläpp än produktionen av 1 kg gula ärter. När du ändå äter kött, välj gärna ekologiskt eller KRAV-märkt – det är mycket godare, nyttigare (med bättre fettsyror) och bättre för natur och djur. Baljväxter är också ett mycket bättre alternativ.

38 Ät smart

Se över vad du lägger på din tallrik. Välj rätt kött och grönsaker. Rätt grönsaksval innebär framför allt baljväxter och rotfrukter, eftersom de ofta är frilandsodlade. De är både billigare och bättre näringsmässigt. Rätt kött är kött från betande djur och vilt. Läs mer om smart mat på www.naturskyddsforeningen.se.

RESOR

39 Släng dig på cykeln!

Utgå från en sträcka på 2 km. Att promenera den, vilket naturligtvis också är bra både för kropp och miljö, tar ungefär 20 minuter. Med cykeln är du framme på max 10! För en så kort sträcka borde inte bilen ens vara ett alternativ, såvida du inte ska transportera något tungt eller ska vidare till en annan plats längre bort. Att välja bilen är ovänligt för miljön, kostar pengar och tar ibland längre tid. Varannan bilresa är under 5 km. Till och med då är det mer värt att ta cykeln. Du sparar inte bara på miljön, utan också nästan 5000 kronor om året istället för att ta bilen fram och tillbaka.

40 Kör snålare

Har du takbox och -räcke på din bil? Ta av dem när de inte används. Takboxen kan öka bränsleförbrukningen med 10 %. Kör du runt med golfutrustningen i bagageluckan även då du inte tänkt ta en runda? Ta ur den. Även onödig vikt inuti bilen drar extra bränsle.

41 Dela bil

Behöver du bil, men bara ibland? Gå med i en bilpool. Det blir allt vanligare och finns på många orter runtom i Sverige. Det är ett smidigt alternativ för dig som behöver bil enstaka gånger – för Ikea-besöket, dagsutflykten eller fjällsemestern – men inte orkar krångla med parkeringsplats då bilen står still, eller tycker det blir för dyrt med en egen. På www.bilpool.nu står allt du behöver veta.

42 Utmana trafiken – ekokör

Planera din körning, det är a och o. Växla upp tidigt, och gärna direkt från 3:ans växel till 5:an, det ger lägre bränsleförbrukning. Kör så mycket som möjligt på den högsta växeln. Motorbromsa istället för att fotbromsa – när du fotbromsar slösas energi bort. Och kör inte för fort. Att köra fortare än 100 km/h är rena vansinnet ur miljösynpunkt.

43 Värm upp motorn

Använd motorvärmare när det är kallt, under förutsättning att du har tillgång till ett eluttag nära bilen. Då är motorn varm när du ska köra iväg och drar mindre bränsle i början. Olika motorvärmare ger olika effekt, men oavsett fabrikat behöver du inte ha motorvärmaren igång dygnet runt, det räcker gott med 2–4 timmar innan start. Annars eldar du för kråkorna!

44 Kontrollera däcktrycket

Du som kör bil vet säkert att däcken håller längre och bilens bränsleförbrukning minskar om däcken är ordentligt pumpade. Du hittar rekommenderat tryck angivet i bilens instruktionsbok eller vid tanklocket.

45 Ta hand om bilen

Gör regelbunden service av motorn. Det kan minska bränsleförbrukningen med 5 till 10 %. Välj en miljövänlig verkstad, t ex en underleverantör till Folksam. De ställer miljökrav på de bilverkstäder de anlitar i samband med skadereglering. Miljökraven innefattar inte bara verkstaden, utan också plåt-, plast- och lackverkstäder. Kraven omfattar bl a inverkan på mark, vatten, luft och hantering av farligt avfall. En del kommuner har miljödiplomering. Bor du i en sådan kan du fråga efter en miljödiplomerad verkstad.

46 Vad väljer du?

Att resa och se nya platser är bland det bästa som finns, det vill vi absolut inte sluta med. Men huruvida det är flyget eller något annat transportmedel som ska ta oss dit är en annan fråga. Tänk efter först och om det är möjligt välj buss eller tåg. På sträckan Stockholm – Göteborg släpper flyget ut 6 ton koldioxid i vår atmosfär. Det kan jämföras med tågets utsläpp: bara 4 hekto! Valet är väl enkelt?

47 Bäst transportval

Tåget. Inget annat kollektivt transportslag är så miljöanpassat som tåget. Det är därför märkt med Bra miljöval. Det eldrivna tåget drivs av förnyelsebar energi från vatten- och vindkraftverk och släpper ut minimalt med koldioxid. Enligt SJ släpper ett helt SJ-tåg (med upp till 300 passagerare) enkel resa mellan Stockholm och Göteborg ut 4 hekto koldioxid, att jämföra med en genomsnittlig bil som ger ifrån sig hela 89 kg koldioxid på samma sträcka. Att det blir utsläpp för att driva elkraftverken är medräknat.

48 Flyg på bästa sätt

Fundera ännu en gång på om tåget är ett alternativ. Inte? Välj då flygresor utan mellanlandningar – varje mellanlandning drar mycket bränsle. Chartrade plan flyger oftast utan mellanlandningar och är dessutom fullsatta oftare än reguljära. Välj bolag som gör s k gröna inflygningar, bl a SAS. Det kan spara ca 100 kilo bränsle och minska utsläppen av t ex koldioxid med ca 300 kilo per inflygning.

49 Gör rätt för dig

Klimatkompensera din resa. Räkna ut hur stora utsläpp din resa orsakar och kompensera eller köp utsläppsrätter som motsvarar koldioxidutsläppet. Gå in på www.energimyndigheten.se och läs hur man går tillväga.

50 En ulv i fårakläder

Man kan tro att färjan är ett bra transportmedel. Men snabbfärjan är tveklöst det sämsta alternativet, till och med flyget är ofta ett bättre alternativ. Vissa snabbfärjor bidrar – förutom de stora utsläppen av svavel- och kväveoxider – med mer koldioxid än flyget på samma sträcka. Ska du trots allt göra en kryssning, välj en färja med hög beläggning. Och välj en färja som har s k Nox-rening. Den innebär att utsläppen som leder till försurning och övergödning är mindre.

KONSUMTION

51

Shoppa mindre!

Vi handlar som aldrig förr, och i det perspektivet är kanske en lågkonjunktur bra? Den inträffar bl a som en effekt av att vi drar ner på vår konsumtion. Betänk att vi i Sverige köper 24 kg textil per person och år. 1994 handlade vi 15 kg textil. Det finns fallhöjd. Ringa in den sista lördagen i november och fira "En köpfri dag"! Ägna 24 timmar åt någonting annat än shopping. Världen över uppmärksammas denna dag i november av miljoner människor som har fått nog av shopping- och konsumtionshets. Särskilt vi i väst måste lägga om våra konsumtionsvanor eftersom vi håller på att utarma naturen. En femtedel av jordens befolkning förbrukar 86 % av jordens resurser, en orimligt stor del. Läs mer på www.bnd.nu.

52 Välj rätt vara

En miljömärkning, oavsett vilken, är alltid bättre än ingen!

53 Behöver du verkligen ...?

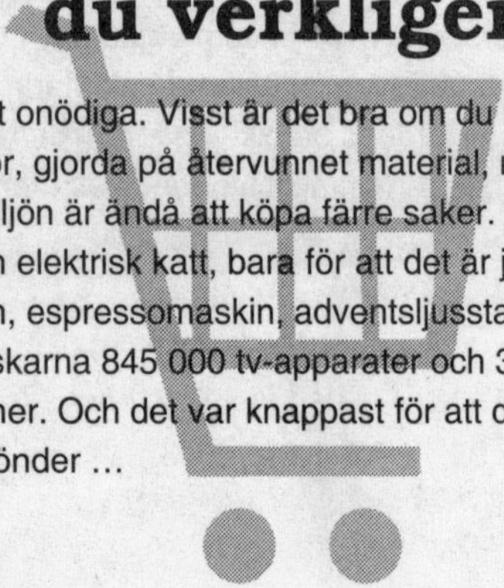

Strunta i det onödiga. Visst är det bra om du köper miljömärkta varor, gjorda på återvunnet material, men det bästa för miljön är ändå att köpa färre saker. Behöver du verkligen en elektrisk katt, bara för att det är jul? En ny mobiltelefon, espressomaskin, adventsljusstake? 2007 köpte svenskarna 845 000 tv-apparater och 3,3 miljoner mobiltelefoner. Och det var knappast för att de gamla hade gått sönder ...

54 Köp återvunnet

Försök i möjligaste mån att välja sådant som är återvunnet. På t ex www.wilmaandfriends.se hittar du mängder av återvunna saker. Det är ett sätt att spara på jordens resurser och ger mindre koldioxidutsläpp. Du gör miljön, planeten – och vår framtid – en stor tjänst.

55 Köp begagnat

Det vore förstås en katastrof för många företag om vi drastiskt började handla mer begagnat, men vad gör vi inte för miljön? Innan du t ex köper det senaste kameraobjektivet, tänk efter. Varför inte välja förra årets modell, begagnad och billigare? Och samtidigt göra en insats för miljön. Böcker, båtar, kläder, porslin, möbler – listan kan göras lång över sådant som går utmärkt att köpa begagnat.

56 Konsumera smart

Satsa på kvalitet framför kvantitet, en bra framför många sämre. Även om det i vissa fall innebär en högre kostnad är det oftast värt de extra slantarna. Hållbarheten är oftast längre, och på sikt är det ett både billigare och bättre miljöval.

57 Ge bort din favoritbok

Svårt att hitta den bästa presenten till farmor, din bror eller till inflyttningskalaset? Istället för att i panik springa runt på stan och till slut hitta något att köpa bara för köpandets skull, plocka ut din favoritbok ur bokhyllan och slå in i fint papper. Eller baka ett gott bröd och skriv ner receptet, linda in i en fin kökshandduk och inflyttningspresenten är fixad!

58 Tänk miljö när du köper nytt

Gräsklippare, bilar, tvättmedel, båtar, mat – glöm inte att undersöka de miljöriktiga alternativen. Tidigare har du undersökt en produkt utifrån pris, kvalitet och design. Numera borde även miljön vara en aspekt att ta hänsyn till. Bra märkningar att hålla utkik efter är bl a KRAV, EU:s energimärkning, Svanen, Bra miljöval.

59 Plocka "grannens" blommor

Välj närproducerade blommor och växter nästa gång du ska köpa nytt till hemmet eller trädgården. Handelsträdgårdarna runt om i landet har stor andel närproducerat, fråga personalen!

60 Utmärkta blommor

Midsommarblomster, smörblommor, prästkragar och blåklint är alla underbara svenska ängsblommor som dessvärre bara går att plocka under en mycket begränsad tid i vårt avlånga land. Istället kan man bli lockad att köpa snittblommor och sätta i en vas. Men tänk efter före. Många snittblommor är nämligen besprutade och fraktade över halva jordklotet. Inte bra. Vill du ändå köpa en blomsterbukett, välj då blommor med miljömärkningen FFP. Ett bra alternativ är en bukett svenska tulpaner. Eller varför inte en pelargon?

61 Bojkotta förpackningar

Ibland tar förpackningarna aldrig slut. Små chokladbitar i presentpack kan ligga i tre–fyra lager av pappers- och plastförpackningar. Bojkotta dem till förmån för ”normala” förpackningar.

62 Energisnåla när du väljer vitvaror

Din kyl/frys står för ca 20 % av din hushållsel. Alla nya kylar och frysar men även disk- och tvättmaskiner, torktumlare, ugnar m m måste idag vara märkta med EU:s energideklaration. A eller A++ är bäst (beroende på typ av vitvara), G är sämst. De allra mest energieffektiva kylarna och frysarna är märkta A++. Ett bra tips är att inte köpa större än du behöver!

63 Kontakta din butik

Är du irriterad över att Coop och Ica säljer kinesiska äpplen under bästa svenska äppelesäsong? Tveka inte att mejla butiken och begär att få reda på varför. Kanske är du inte den förste som undrar, och kanske leder din fråga till en ändring. Försöka duger!

RESURSER

64 Vårda dina saker

När du låter dina vinterskor gå i ide, plocka fram skoputsen och ge dem en omgång. De kommer att tacka dig genom att låta dig ha glädje av dem under en längre tid. Dessutom känns de som nya när du framåt vårkanten plockar fram dem igen. Regelbunden skovård är ett tacksamt och inte särskilt uppoffrande sätt att behålla favoritskorna fina och fräscha. Har du hittat ett begynnande hål i bomullströjan? Ta fram nål och tråd, ta några varv och hålet blir i bästa fall inte större. Olja regelbundet in dina träsaker, köksbordet törstar ofta efter lite omvårdnad utöver det vanliga.

65 Lappa och laga

Innan du per automatik köper något nytt för att det gamla är lite trasigt, gör som vi gjorde förr – promenera till närmaste skräddare och få det lagat. De finns lite här och var och är oftast snabba och bra. Det kostar inte många slantar och de lappar gärna jeans, syr i knappar och kortar klänningar. Leta reda på en skomakare nära dig och be denne klacka om dina skor och kanske din snälla mormor vill lappa lammullströjan. Det är smidigt och det är smart! Har tröjan gjort sitt som tröja, använd den till skoputsen eller som dammtrasa.

66 Presentera utan papper

Brukar du ofta hålla föredrag och göra presentationer? Dra ner på antalet utskrivna papperskopior och presentera det du vill framföra som t ex en power point-presentation.

67 Snyt dig i bomull

Urskog till storleken av en fotbollsplan försvinner varannan sekund för att vi ska kunna snyta oss i mjuka pappersnäsdukar. En näsduk i bomull däremot, en sådan som man använde förr, kan man slänga med i tvätten när det är dags. Och använda igen! Det finns en uppsjö av fina – vita eller mönstrade, med lite spets eller av enklaste design – och de finns att köpa på alla varuhus.

68 Digitalisera dina utgifter

Räkningar går inte att undvika, men många fakturor går numera att få som en så kallad e-faktura. Fråga din bank om vilka företag som har tjänsten och anmäl redan idag. Du slipper fortsättningsvis se kuvertet på hallmattan varje månad, samtidigt som du i längden räddar några träd.

69 Lappa din dörr

Lappen ”ingen reklam” är effektiv för att slippa all reklam som annars läggs i din låda. Men läser du alla gratistidningar som dimper ner med jämna mellanrum? Om du gör det, se till att slänga dem i tidningsåtervinningen när du läst klart. Men om du låter dem förbli olästa, sätt upp en lapp på dörren: ”inga gratistidningar, tack!” så har du det problemet ur världen. Du gör dessutom en miljövänlig insats.

70 Skriv ut mindre

Innan du automatiskt klickar på skrivarikonen, fundera på om du faktiskt behöver skriva ut dokumentet. Om du skriver ut, fyll skrivaren med återvunnet papper, märkt med Svanen. Använd båda sidorna av arket.

71 Släng inte hela prylar!

Kassera inte stavmixern innan den slutat fungera. Byt inte ut mobiltelefonen bara för att du hittat en med fräckare design. Detsamma gäller dammsugaren, elvispen, tv:n, kaffekokaren och hårfönen, och alla andra prylar som finns i ditt hem. Låt dem tjäna ut sitt syfte innan du slänger och köper nytt.

72 Istället för en cd

Köp musiken på nätet och minska cd-förbrukningen. Nedladdning av musik behöver inte vara olagligt, på t ex iTunes Store och www.cdon.com kan du köpa det mesta direkt till din dator, mobiltelefon eller mp3-spelare.

73 Istället för flera cd

Pappersboken i all ära, men i t ex bilen är det bra mycket smidigare med en ljudbok. Dessvärre innebär en bok oftast flera cd-skivor. Lyssna istället på boken direkt i din mobiltelefon eller mp3-spelare. De flesta sajter som säljer vanliga böcker säljer också nedladdningsbara böcker.

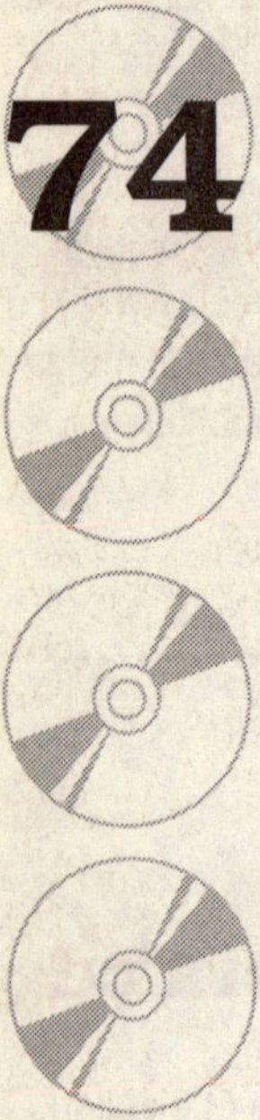

74 Friska upp minnet

Istället för att bränna information eller göra backup på cd/dvd, satsa på ett usb-minne eller en extern hårddisk. Beroende på storlek får du plats med mycket, och dessutom är det bara att radera när det är fullt och använda igen. Usb-minnet är oftast litet och smidigt och är återanvändbart – en bra investering både för plånboken och miljön. Och om du nödvändigtvis vill spara på cd/dvd, välj sådana utan det hårda plastfodralet. Externa hårddiskar kostar några hundralappar och uppåt.

75 Ett träd gör ingen skog

Men ett träd är fler än inget. Köp eller plantera ett träd, och i och med det skydda träd från att bli avverkade och skydda hotade djur- och växtarter. Idag finns många organisationer som ser till att just ditt träd får stå kvar eller att ett nytt planteras. Några är t ex Ett klick för skogen, VI-skogen, Barnens regnskog och WWF.

76 Läs på skärmen

Vad skulle vi göra utan Internet? Läsa fler papperstidningar, t ex. Idag finns de flesta tidningar, dagspress, företagstidningar och magasin att tillgå på just Internet. Läs några där! Vill du läsa tidningen i pappersformat, välj ut en favorit och läs de andra på skärmen.

77 Att ta eller inte ta

Innan du tar en butiks broschyr eller katalog som ofta finns att få gratis, fundera på om du kanske kan läsa den på Internet istället. De flesta butiker har en hemsida där du kan hitta samma information som i katalogen du just valde att inte ta.

78 Pausa tidningen

Din dagstidning representerar stora mängder papper, och visst är det bra att du lämnar den till pappersinsamlingen. Men ännu bättre är faktiskt att göra uppehåll i prenumerationen när du är bortrest, om så bara för några dagar. Och även om du är hemma kan det ibland vara skönt med en paus i det ständiga nyhetsflödet.

79 Nej till adresserad direktreklam

SPAR är Statens personadressregister där alla som är folkbokförda i Sverige finns med. Registret uppdaterar många företag om du flyttar eller byter namn. De som använder SPAR är t ex myndigheter och företag som banker, postorderföretag, kortföretag. Du kan skriva till SPAR och be att inte få hem adresserad reklam. Skriv till SPAR, Box 34101, 100 26 Stockholm. Uppge namn och personnummer.

80 Avbeställ telefonkatalogen

Det går att avbeställa telefonkatalogen. Gör det om du inte använder den så ofta. Kontakta Eniro, tel 020-88 11 00, så hjälper de dig.

81 Låt hissen vila och dina ben jobba

För varje våning du tar trappan istället för hissen sparar du 10 g koldioxidutsläpp. Det kanske inte låter så mycket, men tänk att du går upp en gång och ner en gång varje dag, då sparar du en hel del. Det minskar inte bara på utsläpp, du får gratis motion också.

82 Vårda dina växter

Välj i möjligaste mån växter som är tåliga och ogillas av skadegörare. Då håller de längre. Värme, kyla, torka eller för mycket vatten kan orsaka skador, och då blir växten attraktiv för skadegörare, varpå du tvingas slänga den och köpa ny. Så sköt om dina älsklingar.

83 Undvik växthusodlat

Generellt sett är frilandsodlat bättre än växthusodlat, eftersom det går åt energi för att driva växthusen. Det är inte så lätt att se skillnaden. Fråga i din butik! Var besvärlig!

84 Tack, men nej tack!

Vi gör många saker automatiskt, utan att tänka efter innan. Tar emot en påse från expediten när vi köpt något, trots att vi redan har två påsar som inte är fulla. Säg nej tack till påsen som expediten erbjuder dig. I matvarubutiken lägger vi frukt och grönsaker i påsar, trots att både löken och paprikan kan ligga direkt i korgen. Tänk efter före!

85 Åter är ordet!

Släng inte de små plastpåsarna du lägger t ex frukt i när du handlar. Spara dem och använd igen. Och påsarna som det färdigköpta brödet ligger i fungerar utmärkt att använda till matlådorna för att undvika kladd i väskan.

86 Som man frågar får man svar

Om du är en person som står i butik eller arbetar i ett annat sammanhang där du ofta erbjuder påsar: spar på påsarna. Människor svarar gärna ja på frågan ”Vill du ha en påse?”, utan att reflektera över om de faktiskt behöver den. Därför är det bättre att fråga: ”Går det bra utan påse?”.

87 Ta med din mugg

En kaffe latte i farten på väg till jobbet är för vissa en nödvändig lyx. Hör detta till din morgonritual, satsa på en egen termomugg att ta med och få påfylld. På de flesta ställen där du kan få en ta-med-kaffe går detta utmärkt.

ÅTERBRUK

88 Rannsaka ditt köksskåp

Om du vet med dig att du faktiskt inte använder matberedaren, juicepressen eller bakmaskinen, ge bort den! Eller lämna den till en insamling, så får någon annan användning av din pryl. Du kommer garanterat inte att sakna den. Du gör någon annan glad, du återvinner och därmed sparar du på jordens resurser.

89 Släng inte!

Om möjligt, sälj vidare istället för att slänga. Och du, ta inte för mycket betalt. Det finns en miljöpoäng med att någon annan får nytta av dina skidor, skor, väskor, böcker, tröjor, barnvagnar m m och därmed slipper köpa nytt. Varför inte – ibland – ta en symbolisk summa: 5 kr?

90 Åter är ordet!

Idag finns otaliga second hand-butiker med olika inriktning, prisnivåer och utbud. Vare sig det är en ny fåtölj, en klänning till cocktailpartyt eller en teburk du är ute efter, kan du garanterat hitta vad du söker i någon av alla dessa butiker. Utbudet liksom kvaliteten är oftast väl värt besöket. Är du lite mer bekväm av dig finns bra sidor på nätet för andrahandsaffärer, www.tradera.se och www.blocket.se är två bra sidor där du kan hitta det mesta du söker, ibland till riktiga fyndpriser.

91 Hyr kläder

I alla fall plagg som du använder sällan eller bara ska använda vid ett tillfälle. Det är miljösmart att samma klädesplagg (fracken, klänningen …) kan användas av flera – istället för en enda gång och sedan bli hängande i garderoben. Det handlar inte om att spara pengar, utan om att spara resurser.

92 Klipp, fålla och sy

Har du tröttnat på ett plagg? Är det för litet, för stort? Redesign är på modet, att sy om ett plagg till ett annat. Jeansen kan bli kortbyxor eller en kjol, klänningen kan göras mindre eller större. Ta vara på tyget! Att framställa textil är bland det mest miljöovänliga vi människor ägnar oss åt. Till 1 kg färdigt tyg används 1 kg kemikalier, bara i textilfabriken.

93 Återanvänd till de små

Återanvänd barnkläder från vänner eller köp begagnat. Barnkläder växer man ur innan man sliter ut dem. Så utbudet är stort. Tänk inte bara på priset, det handlar ju också om återanvändning. På många orter finns second hand-butiker med bra utbud för barn.

94 Ha klädbytardag

Det kan hända att man tröttnar på ett plagg innan det blivit utslitet. Anordna en klädbytardag med dina vänner – ett plagg som du är trött på blir som nytt för någon annan.

95 Rensa i röran

Och gör någon annan glad. Ägna en stund åt att gå igenom din garderob. Hur mycket av det som ligger där använder du inte? Ta sen en titt i bokhyllan. Hur många böcker har du redan läst, och egentligen inte behöver behålla? Lämna dina hopplockade saker till en insamling. Myrorna och Stadsmissionen är exempel på verksamheter som tar emot och säljer vidare.

96 Åter är ordet!

Får du ett paket med posten som är paketerat i en vadderad påse gör du smart i att öppna det försiktigt. Påsen kan du nämligen använda igen. Täck bara över den gamla adressen, så blir den som ny!

97 Hyr filmen

Istället för att köpa filmen du vill se, hyr den i din videobutik. Om du absolut vill äga filmen, var generös och låna ut den, dela den med andra.

98 Bli en library lover

Låna boken på biblioteket. Det är gratis. Där finns även filmer och tidningar att låna.

99 Tänk på dig själv

Tänk inte: ”Det är ingen idé att jag gör det här, när ingen annan gör det”. Om alla tänkte så skulle ingenting någonsin bli gjort, vilket skulle få katastrofala följder. Tänk på dig själv: vad kan och vill DU göra för vår miljö? Och du, andra gör det visst.

100 Läs mer!

Det finns en uppsjö av böcker som berättar om miljöpåverkan och vad vi kan göra för en hållbarare framtid. Böcker som ger kunskap och inspiration, som får oss att förstå vad som håller på att hända och vad vi kan göra åt det. Läs och bli medveten! Låna på biblioteket eller köp ett exemplar. När du läst ut ditt exemplar, ge det till en vän. Det här är en bok för alla.

100 sätt att leva ekologiskt

För dig som har viljan men inte energin

Helena Jansson
Mattias Henrikson

100 sätt att leva eko logiskt

För dig som har viljan men inte energin

Ordalaget Bokförlag

Fakta och inspiration har vi hämtat från olika källor: bloggar, böcker, tidningar och en rad olika hemsidor: Energimyndigheten, FTI – Förpacknings- och Tidningsinsamlingen, HSR, KRAV, Naturvårdsverket, SNF Svenska Naturskyddsföreningen, Vägverket och många andra. Vi har också fått tips från allmänheten. Tack till: Sara Andersson, Kristina Aronsson, Carolina Ekman, Marie Helenelund, Josefina Kildjer, Louise Nederberg, Maria Norén, Linus Olsson, Hélène Petters, Terese Scherman, Maria Ståhle, Jonas Svensson, Karin Svensson, Annie Thulin, Carl Thulin, Linda Åkerlund, Nina Åkerlund och Ellinor Ölander.

Ordalaget Bokförlag AB
Box 17018
167 17 Bromma
Tel 08-80 88 48
bok@ordalaget.se

Omslag: Johan Petterson
Formgivning och sättning: Helena Jansson

Tryck: Scandbook, Falun 2010
ISBN: 978-91-85465-97-2

FÖRORD

Mycket handlar om eftertanke. Det är lätt att det rullar på, vi gör det vi brukar göra utan att egentligen tänka efter varför eller om det finns några alternativ.

Det här är boken för dig som någon gång har tänkt: ”Man borde väl göra mer. Men jag orkar inte sätta mig in i det. Och vad spelar det egentligen för roll?”. Det här är också boken för dig som faktiskt bestämt dig för att göra mer men inte riktigt vet hur.

På följande sidor finns 100 förslag samlade på hur du i din vardag kan leva mer ekologiskt utan att behöva göra stora uppoffringar eller ändra livsstil. Du får förslag på hur du undviker att rester av gifter sipprar ut i våra vattendrag och hur du miljöanpassar dina resor. Du får en förklaring av våra vanligaste miljömärkningar och hur du bäst sorterar dina sopor. Det är enkla, handfasta tips på förändringar. Små för dig, men stora för vår framtid. De ger dig ökad livskvalitet och du gör miljön en tjänst. För visst spelar det roll, det är vi nog alla överens om.

Bromma i februari 2009

INNEHÅLL

1 Ha videokväll

Al Gore heter han, mannen som på ett fängslande och trovärdigt sätt redogör för vad som håller på att hända med vår planet. I sin film *En obekväm sanning* går han igenom bevisen på att vårt klimat förändras och förklarar varför. Ge honom de 100 minuterna som filmen är lång och lyssna, så får du ett hum om hur allt hänger ihop. Och bli inspirerad till att vilja förändra. Det är bättre sent än aldrig – en klyscha som faktiskt håller. Hyr filmen i din närmaste hyrfilmsbutik.

BADRUMMET

2 Naturist, javisst

Först och främst, fyll inte på ditt badrumsskåp med produkter du redan har. När du väl kompletterar, välj produkter gjorda av naturliga och ekologiska ingredienser. Är produkten dessutom tillverkad på hemmaplan sparar du koldioxidutsläppet som blir av transporten. Du hittar sådana produkter i en mängd olika butiker. Produkter från Body Shop är förpackade i burkar och flaskor som innehåller en stor andel återvunnet material. Även produkter från Lush är tillverkade med hänsyn till djur och natur. De säljs dessutom oförpackade, ”nakna”. Som man naturligt är, alltså.

3 Färre ingredienser ger mest

Ju kortare innehållsförteckningen är, desto renare och naturligare är produkten. Det gäller både mat och hud- och hårvårdsprodukter.

4 Välj miljömärkt

Ekologiska hudvårdsprodukter kan också ha en miljömärkning. Det finns några olika med olika riktlinjer, men huvudsaken är att produktens eller kosmetikans ingredienser ska vara ekologiskt odlade och inte innehålla några syntetiska färg- eller doftämnen. Råvarorna ska vara biologiskt nedbrytbara och förpackningarna återvinningsbara. Djurtester är absolut förbjudna. Titta efter t ex BDHI- eller Ecocert-märkning.

5 Naturligt framför syntetiskt

Vänd på din ansiktskräm, rengöringslotion eller schampoflaska och försök begripa vad den faktiskt innehåller. Har du inte redan valt ett naturligt alternativ är det mesta av innehållet syntetiskt framtagna ingredienser. Inte alls naturligt alltså. Och inte särskilt vänligt mot varken miljö eller din hud. Välj istället naturliga alternativ med ingredienser från växter som är ekologiskt odlade. Ekovänliga hudvårdsprodukter och kosmetika är t ex Dr Hauschka. Besök din närmaste hälsokostbutik för produkter och bra information.

6 Ett miljögift på tandborsten

Triklosan är ett omdiskuterat miljöfarligt ämne som förekommer som tillsats i bl a tandkräm. Det är bakteriedödande, men inte nödvändigt för personer med friskt tandkött. Två ton triklosan förs varje år ut i naturen via avloppet när vi borstar våra tänder. Reningsverken kan bara delvis bryta ner ämnet, resten sipprar ut i våra vattendrag där det är rena giftet för fiskar, alger och andra vattenorganismer. Många butiker har tagit tandkrämer med triklosan ur sortimentet, men dubbelkolla alltid på tuben innan du släpper ner den i kundkorgen. Inte ens den vanligaste tuben går säker.

7 Ett miljögift i armhålan

Triklosan förekommer som tillsats inte bara i tandkräm utan även i vissa deodoranter. Tillsatsen är inte nödvändig men giftig. Reningsverken kan bara delvis bryta ner ämnet, resten sipprar ut i våra vattendrag. Där är ämnet rena giftet för fiskar, alger och andra vattenorganismer. Undvik deodoranter med triklosan och välj istället miljömärkta alternativ.

8 Olivolja och honung – lent för huden

Anti-rynkkrämer, fuktgivande lotion och rengöringsmjölk i all ära. Men naturliga produkter, produkter som du har hemma i skafferiet, fungerar minst lika bra, och de efterlämnar inga farliga ämnen för djur och natur. Olivolja är mjukgörande och är perfekt för extra torra områden som t ex armbågar. Honung är antibakteriell och kan lindra inflammationer. Blanda honung med olivolja och lite råsocker så får du en bra ansiktsmask.

9 Var snäll mot hår- och havsbotten

Det är många som dras med mjäll. Ett enkelt sätt att bli kvitt detta är som bekant att använda mjällschampo rätt och slätt. Nästa gång du ska köpa ett mjällschampo, titta efter i innehållsförteckningen om det innehåller ämnet zinkpyrition, det är nämligen ett mycket giftigt ämne om det kommer i kontakt med fiskar och andra vattenlevande organismer. Välj istället ett miljömärkt mjällschampo. Ett annat enkelt sätt är att minska användandet av stylingprodukter.

10 Sola utan kräm

Visst finns det enstaka tillfällen när solkräm är bra, t ex när du solar mitt på dagen under sommarmånaderna. Men var ändå restriktiv med solkräm, särskilt om det gäller ditt barn. Det är faktiskt nyttigt att sola (om man inte bränner sig) – det ger kroppen bl a D-vitamin som är viktigt för hälsan. Dessutom vet vi mycket lite om effekterna av dessa krämer, som ligger kvar länge på kroppen och sedan åker av rakt ner i badvattnet. Tester har visat att solkrämer innehåller miljögifter och hälsofarliga ämnen. Var återhållsam, både för din egen och för naturens skull.

11 Välj miljömärkta engångsblöjor

Miljömärkta engångsblöjor är dessvärre inte vanliga. Varken Pampers eller Libero är Svanen-märkta. Det är däremot t ex Coops egna blöjor och Bambo.

12 Spola inte ner allt

Spola aldrig ner topsen i toaletten, har man ju hört. En gång till: spola aldrig ner topsen i toaletten! Risken finns att de fastnar när de passerar rengöringsverkets galler och pumpar på vägen ut i havet, vilket i sin tur kan leda till stopp i ledningarna och störa reningsprocessen. Inte fräscht. Skulle en och annan tops slinka med ut i havet kommer den att förbli liggandes på botten, bilda hög. De är nämligen inte biologiskt nedbrytbara och har inget i havet att göra. Släng dem i papperskorgen istället! Det gäller såklart även andra ”prylar”, som tamponger, kondomer och bindor. Och kemikalier, färgrester och mediciner, men det säger ju sig självt.

13 Propplösare är inte bästa lösningen

Kemisk propplösare bör aldrig användas, det är nämligen så starkt att det kan skada rören och vår natur. Blanda istället en kopp bikarbonat och en kopp salt med kokande vatten och häll i avloppet.

14 Ekologiskt mensskydd

Menskoppen är åter på tapeten. Den lilla silikontratten är ett ypperligt ekologiskt och ekonomiskt alternativ till de inte särskilt miljö- och plånboksvänliga tampongerna och bindorna. Tamponger och bindor tillverkas med skadliga blekmedel och förpackas i plast som tar över hundra år att förmultna. Under en livstid förbrukar varje kvinna ett helt rum med dessa miljöovänliga, men nödvändiga, skydd. Menskoppen däremot är tillverkad i mjuk silikon, köps bara en gång och används flera. Den är smidig och smart. Den finns att införskaffa på nätet på bl a www.mooncup.co.uk och www.menskopp.se.

15

Glasögon är helrätt

Kontaktlinser kan tyckas vara smidigt – inga kanter är i vägen vare sig för synfältet eller då du drar en tröja över huvudet, de immar inte igen och du kan obehindrat spela squash. Men ur miljösynpunkt är de inte särskilt smidiga: Dels p g a alla kemikalier som används vid tillverkningen, dels p g a engångspaketeringen. Välj istället att använda dem vid särskilt utvalda tillfällen och investera i ett par glasögon. Ett par riktigt snygga glasögon är den allra bästa, och individuellaste, accessoaren!

HEMMET

16 Miljötesta dig!

Det finns en mängd miljömätare på Internet. Gå in på www.konsumentverket.se, klicka på Miljö och sedan Miljömätaren. Då får du veta om du är en miljöbov eller miljöhjälte och vilka områden du bör bättra dig på.

17 Städa enkelt

Till en mikrofibertrasa behöver du inte mer än vatten – om du inte har ovanligt smutsigt hemma. Om så är fallet och du måste ta till rengöringsmedel för att lösa upp smutsen, tänk på att endast använda såpa eller miljömärkta rengöringsmedel. Citronsyra och ättika är två andra miljövänliga och väl fungerande hjälpmedel i t ex badrummet. Mikrofibertrasor finns att få tag på i de flesta livsmedelsbutiker, likaså citronsyra.

18 Undvik WC-ankan och fönsterputs

Rengöringsmedel för toaletten och fönsterputs innehåller ofta tensider, vilket kan störa den biologiska processen i reningsverket. Vissa tensider bryts inte ens ner. Till toaletten, använd istället vanligt, miljömärkt diskmedel och citronsyra mot kalkbeläggningar. Låt det verka några minuter och borsta sen som vanligt. Bakpulver, milt rengöringsmedel eller ättika gör också susen. Till fönstren och spegeln tar du varmt vatten, lite diskmedel och drar med gummiskrapan. Efterputsa med en gammal nylonstrumpa.

19 Såpa för ugnen

Ugnsrengöring innehåller ofta natriumhydroxid som är ett frätande ämne, inte särskilt trevligt varken för miljön eller dig. Använd istället vanlig, miljömärkt såpa när du ska rengöra din ugn. Värm ugnen till 100°C, när såpan bubblar stänger du av, låter svalna och torkar rent. Ta ett tag med tvålull om allt inte går bort. Inga konstigheter.

20 Rent för miljön

De flesta disk- och tvättmedel är Svanen-märkta, men bara några är märkta med Bra miljöval, som är en strängare miljömärkning än Svanen. Om du kan, välj ett medel som är märkt med Bra miljöval, t ex Grumme.

21 Inga fler bubblor

Om det är lödder kvar när du diskat klart för hand har du använt för mycket diskmedel. Dosera mindre! Det finns diskborstar där man fyller på med en lagom dos diskmedel, eller blanda ut lite koncentrerat diskmedel med vatten i en snygg sprayflaska. Fyll på vid behov. En flaska diskmedel räcker längre än du tror!

22 Dosera bättre

80 % av Sveriges hushåll har mjukt vatten. Det innebär att det räcker med den lägsta doseringen tvätt och diskmedel för att det ska bli rent. Är du osäker på om du har mjukt vatten kan din kommun svara på det. Använd inte mer tvättmedel än du behöver.

23 Garanterat ren och mjuk tvätt

Byt ut ditt vanliga tvättmedel mot tvättnötter. De växer på stora träd i Indien och Nepal och innehåller saponin, ett naturligt rengöringsmedel. Förutom att de gör din tvätt ren blir den också mjuk (mjukmedel behövs alltså inte och vips gör du miljön ytterligare en tjänst) och eftersom de inte innehåller blekmedel bevarar de dessutom färgen i kläderna. Tvättnötterna är ett bra ekologiskt alternativ som inte är dyrare än icke-ekologiskt. Nötterna går att återanvända, och när de är färdiganvända komposterar du dem, eller kastar i soporna. De finns att köpa på nätet och i olika butiker runt om i landet.

24 Naturligt kritvitt

Tvättar du med tvättnötter och vill vara säker på att vittvätten blir kritvit kan du tillsätta blekmedel. Det finns bra miljömärkta alternativ. Nötterna är helt naturliga och innehåller inga kemikalier eller parfymer, de är således inte bara vänliga mot miljön utan även mot din hud. Droppa lite eterisk olja i sköljmedelsfacket om du vill ha doft.

25 Bekämpa smuts och småkryp naturligt

Koka tvättnötter och vatten, låt dra en liten stund. Av detta kan du sen bl a tvätta dina möbler, din bil och skura golvet. Du kan dessutom bekämpa dina krukväxters oönskade småkryp, t ex bladlöss, genom att spraya över blandningen. De är vänliga mot både växter och miljö. Tvättnötter finns att köpa på nätet och i olika butiker runt om i landet.

26 Upprusta ekologiskt

Börjar det bli dags att olja in golvet? Eller lägga om taket och måla om huset? Satsa på en ekologisk renovering. Det Ekologiska byggvaruhuset säljer resurssnåla, hälsosamma och energieffektiva lösningar, allt från minsta beståndsdel till hela byggen. Läs mer på www.ekologiskabyggvaruhuset.se.

27 Dela med grannen

En del av det vi köper använder vi bara någon enstaka gång. Varför inte fråga om du får låna släggan, kofoten, borrmaskinen, stegen, spikutdragaren av grannen eller en vän? Du sparar pengar och … just det: miljön. Bor du i bostadsrätt? Kanske finns det redan en gemensam verktygslåda. Om inte, föreslå att ni inför en!

28 Notera mer, memorera mindre

Vi blir dagligdags matade med nya råd och rön, ord och begrepp, svåra ord på gifter och annat ohälsosamt, både för dig och miljön, som vi rekommenderas undvika. Men man kan inte memorera allt. Värdera vilka rekommendationer du helst vill ta till dig, en är bättre än ingen, och skriv ner på en lapp, i din kalender eller på något annat som du alltid bär med dig. På så sätt har du alltid med dig de svåra orden, och att läsa innehållsdeklarationen blir mycket lättare.

UTOMHUS

29 Byta bil?

Ta dig en funderare innan du ska köpa bil. Hur ska den användas? Jobbresor, semester eller till och från träningen? Välj bil utifrån dina behov, köp inte en större bil än nödvändigt. Satsa på en bränslesnål bil eller en ”miljöbil”. Du gör inte bara miljön en tjänst, mindre bilar är billigare och bränslesnålare. Vinst för alla alltså. Läs mer på www.miljofordon.se, www.gronabilister.se och www.konsumentverket.se.

30 Kör rent

Se till att din gamla bil har en katalysator – en avgasrenare. Alla bilar sedan slutet av 1980-talet är utrustade med en sådan. Annars gör du klokt i att byta till en nyare gammal bil. En bil med katalysator är grovt sett fem gånger renare, vad avser ovänliga utsläpp, än en bil utan.

31

Bra transportval

Tåget. Inget annat kollektivt transportslag är så miljöanpassat som tåget. Det är därför märkt med Bra miljöval. Det eldrivna tåget drivs av förnyelsebar energi från vatten- och vindkraftverk och släpper ut minimalt med koldioxid. Enligt SJ släpper ett helt SJ-tåg (med upp till 300 passagerare) enkel resa mellan Stockholm och Göteborg ut 4 hekto koldioxid, att jämföra med en genomsnittlig bil som ger ifrån sig hela 89 kg koldioxid på samma sträcka. Att det blir utsläpp för att driva elkraftverken är medräknat.

32 En ulv i fårakläder

Man kan tro att färjan är ett bra transportmedel. Men snabbfärjan är tveklöst det sämsta alternativet, till och med flyget är ofta ett bättre alternativ. Vissa snabbfärjor bidrar, förutom de stora utsläppen av svavel- och kväveoxider, med mer koldioxid än flyget på samma sträcka. Ska du trots allt göra en kryssning, välj en färja med hög beläggning. Och välj en färja som har s k Nox-rening. Den innebär att utsläppen som leder till försurning och övergödning är mindre.

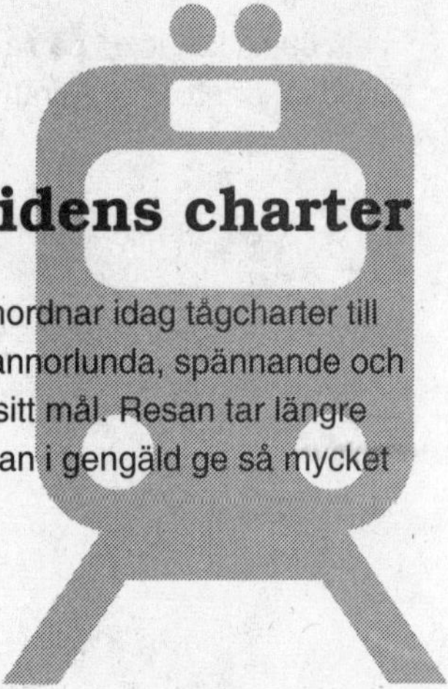

33 Den nya tidens charter

Många resebolag anordnar idag tågcharter till utvalda resmål. Ett annorlunda, spännande och bekvämt sätt att nå sitt mål. Resan tar längre tid än vanligt, men kan i gengäld ge så mycket mer.

34 Ta inte semester från ekotänket

Ta med det på semestern. Det finns många sätt att göra semestern mer ekovänlig. Ta tåget istället för bilen och välj ett Svanen-märkt hotell. När du väl är på plats, ta seden dit du kommer. Välj lokala alternativ, såväl transporter som aktiviteter. Handla lokalproducerade livsmedel och var sparsam med vattnet. Inte bara eko, utan också ett bra och roligt sätt att få ut mer av resan, bli ett med det lokala. En äkta flykt från vardagen.

35 Bara det bästa är gott nog

”Naturens bästa” är en kvalitetsmärkning som gör det lättare för dig att hitta arrangerade naturresor helt i ekologisk anda. Det är ett samarbete mellan Ekoturismföreningen, Naturskyddsföreningen och Visit Sweden som gör det möjligt för dig att hitta till de finaste och mest ekovänliga resmålen runt om i Sverige. Resmål och mer fakta hittar du på www.naturensbasta.se.

36 Kasta inte på golvet

När du bor på hotell, använd samma handdukar och lakan i flera dagar. Inte behöver du nytvättade lakan och handdukar varje dag! En del hotell byter handdukar endast om du lägger dem på golvet. Om inte den rutinen finns så kan du säkert säga till i receptionen hur du vill ha det.

37 Klipp för miljön

Gör ett klipp för miljön. När du köper ny gräsklippare, välj en med 4-taktsmotor och katalysator. Kör helst på alkylatbensin, oavsett motortyp, eftersom den avger mindre rök och lukt.

38 Inga bekämpningsmedel i trädgården

Försök att undvika kemiska bekämpningsmedel i din trädgård. Då är det bättre att välja växtsorter som tål klimatet och har bra motståndskraft mot skadedjur. Jobba förebyggande – och när angrepp väl skett, plocka bort djur och angripna växtdelar. Var rädd om skadedjurens naturliga fiender, som blomflugor, nyckelpigor, stinksländor och spindlar.

39 Grilla gott

Använd bara kol som har märkningen SIS. Det innebär att kolen kommer från ett trä som inte är kemiskt behandlat, vilket i sin tur innebär att både du och miljön i det långa loppet mår bäst. Är kolen också FSC-märkt kan du vara säker på att träet till kolen kommer från en skog som tillämpar kretsloppsystem och har blivit skött på bästa sätt ur miljösynpunkt. På det här sättet smakar det grillade allra bäst!

40 Kör båten med 4-taktare

Det finns fall då det faktiskt lönar sig – miljömässigt – att byta ut det som fungerar. Båtmotorn är en sådan sak, förutsatt att du kör hyggligt mycket. Alla nya motorer är idag 4-taktare. En 2-taktsmotor släpper ifrån sig upp till 30 % av bränslet oförbränt, rakt ut i vattnet och luften.

41 Rätt bottenfärg till båten

Det finns en anledning till att vissa bottenfärger är förbjudna i Östersjön. Västkustens salta vatten och kraftigare beväxtning kräver starkare bottenfärger. "Importera" inte från västkusten, utan nöj dig med den bottenfärg som är tillåten – den duger utmärkt! Östersjön är redan ett av världens mest förorenade innanhav.

42 Måla miljöbaserat

Färg i Sverige kan vara Svanen-märkt, märkt med EU-blomman (som är EU:s miljömärkning) eller ha andra märkningar. EU-blomman anger bl a att färgen innehåller ett minimum av lösningsmedel. Så fråga efter miljömärkt färg. Och använd vattenbaserat inomhus.

43 Kör med sladd

Behöver du sladdlöst? Köp inte sladdlösa maskiner av bara farten, utan tänk igenom om du verkligen behöver en borrmaskin utan sladd. Om svaret är ja, fråga efter en maskin utan kadmiumbatteri, eftersom kadmium är giftigt.

MATEN

44 Var snäll mot naturen

Undvik kemiska bekämpningsmedel. Detta gör du enklast genom att välja ekologiska alternativ. När du gör det kan du vara säker på att t ex potatisen inte varit med och förorenat grundvattnet med rester av bekämpningsmedel. Eller att insekter och fåglar som blir allt mer sällsynta i jordbrukslandskapet får en miljö som gynnar dem. Och du får garanterat rent mjöl i påsen.

45 Var snäll mot djuren

Okonstlat är godast. Den ekologiska hönan får traska runt bäst hon vill, och fodret består bara av naturliga råvaror. Ett sådant ägg lämnar inga bismaker. Den ekologiska kossan får anpassat naturligt foder och får dessutom vara ute extra länge på sommaren, och vem vill inte det? Var snäll mot djuren och du får mycket tillbaka.

46 Tänk längre

Även på varmare breddgrader är ekologisk odling befogad. Naturen är lika viktig var i världen man än vänder sig. Länder som odlar kaffe har stora problem med jorderosion och förgiftat dricksvatten och på de icke-ekologiska kaffeplantagerna blir många av lantarbetarna sjuka av alla gifter. Välj ett ekologiskt kaffe nästa gång du ska köpa kaffe, så är du omtänksam både mot människan och miljön.

47 Drick ekologisk mjölk

Den är nästan lika billig och smakar lika gott som ”vanlig” mjölk. ”Ekologiska bönder” använder inte handelsgödsel och bekämpningsmedel, vilket innebär mindre energiåtgång. Korna får bara ekologiskt foder, dessutom får de vara för sig själva när de kalvar och är ensamma med kalven den första tiden. Härligt!

48 Finaste fisken

Om du vill njuta av en god fisk till middagen, se till att den är miljömärkt, antingen med KRAV eller MSC. Köp inte för små fiskar. De kanske inte har hunnit fortplanta sig innan de fångades, och det är viktigt för mångfalden. Köp heller inte fiskar som finns med på Artdatabankens lista över hotade arter. Listan hittar du på www.artdata.se.

49

KRAV på bananen

Vi svenskar äter ovanligt mycket bananer, och tyvärr besprutas de med stora mängder giftiga kemiska bekämpningsmedel. 50 kg gift går åt för en hektar. Det säger sig självt att det skadar såväl de människor som odlar bananerna som naturen. En KRAV-märkt banan däremot är odlad helt utan kemiska bekämpningsmedel. Tänk om alla plötsligt bestämde sig för att köpa KRAV-märkta bananer? På kort sikt skulle de ta slut i butikerna (vilket de gör redan idag), men på lång sikt ...

50 Nej tack till tropiska räkor

De går också under namn som tigerräkor, jätteräkor och scampi. De odlas i tropiska trakter, t ex i Thailand, Vietnam, Indien och Kina, och odlingarna innebär att mangroveträd huggs ned eller skadas för att ge plats åt räkdammar. Människor får flytta, och hela ekosystem tar stor skada. Ät i stället räkor och andra skaldjur från Nordsjön!

51 Ställ KRAV på kaffet

Köp gärna KRAV-märkt ekologiskt kaffe. Utbudet är mycket begränsat – men om efterfrågan ökar så följer utbudet säkert med. Tänk bara på mjölk. Hur mycket ekologisk mjölk fanns för 10 år sedan? KRAV-märkt kaffe är odlat helt utan kemiska bekämpningsmedel.

52 Välj dina tomater

Tomater och sallad är i regel odlat i växthus. I t ex Spanien innebär växthus ofta bara en övertäckning av plast och att solen sköter uppvärmningen. I Nordeuropa, däribland Sverige, behöver växthusen värmas, ibland med olja, ibland med förnyelsebar energi som vattenkraft. Tomater (om de inte är ekologiska) kräver dessutom mycket handelsgödsel, som är en av de stora klimatbovarna. När handelsgödsel tillverkas går det åt fossila bränslen som ger utsläpp av växthusgaser. Ett bra tips är att köpa ekologiska tomater, om du har möjlighet och råd.

53 Välj rätt druva

Vindruvor hör till de stora bovarna när det gäller bekämpningsmedel. Studier har visat att de mycket ofta har kvar rester av bekämpningsmedel. Dessa försvinner inte när du sköljer frukten, eftersom medlen finns inuti vindruvorna. Köp därför ekologiska vindruvor.

54 Skål för miljön

På Systembolaget finns i skrivande stund ett 30-tal ekologiska rödviner i det ordinarie sortimentet och ytterligare ett 80-tal i beställningssortimentet. Vita viner är representerade med ett 20-tal på hyllan och ett 50-tal som kan beställas. Då avses certifierade ekologiska viner, märkta med en miljömärkning (t ex KRAV). Ett kravmärkt vin är gjort på druvor odlade utan kemiska bekämpningsmedel eller konstgödsel.

KONSUMTION

55

Shoppa mindre!

Vi handlar som aldrig förr, och i det perspektivet är kanske en lågkonjunktur bra? Den inträffar bl a som en effekt av att vi drar ner på vår konsumtion. Betänk att vi i Sverige köper 24 kg textil per person och år. 1994 handlade vi 15 kg textil. Det finns fallhöjd. Ringa in den sista lördagen i november och fira ”En köpfri dag”! Ägna 24 timmar åt någonting annat än shopping. Världen över uppmärksammas denna dag i november av miljoner människor som har fått nog av shopping- och konsumtionshets. Särskilt vi i väst måste lägga om våra konsumtionsvanor eftersom vi håller på att utarma naturen. En femtedel av jordens befolkning förbrukar 86 % av jordens resurser, en orimligt stor del. Läs mer på www.bnd.nu.

56 Återvinn

Vad helst du handlar, försök att välja sådant som går att återvinna. Spana in miljömärkningar som talar om att återvinning går utmärkt. När produkten är förbrukad, lämna den till en återvinningsstation nära dig. Produkten kommer att återvinnas och cirkeln är sluten.

57 Bli mer medveten

Vi har börjat bry oss om maten: varifrån kommer den, vad innehåller den och hur har den producerats? Men när brydde du dig senast om hur din nya skjorta eller blus tillverkades? Kikade du efter en miljömärkning? Ställ dina frågor direkt i butiken. Om vi visste hur kläder blir till, skulle vi både vara noggrannare med att välja kläder och shoppa mindre.

58 Välj miljömärkta kläder

I alla fall en del. De kan vara svåra att få tag på, men de blir allt vanligare. Det är bara du som kan skapa den efterfråga som krävs för att produkterna ska komma fram. Fråga i butiken, och köp de kläderna! Många klädbutiker, bl a de stora kedjorna, har ett visst urval av plagg med ekologiskt odlad bomull. I dessa kläder har t ex klorblekning, tungmetaller och formaldehyd inte använts vid tillverkningen. Ofta är också råvaran, själva bomullen, ekologiskt odlad, utan kemiska bekämpningsmedel.

59 Lite är bättre än inget

Tycker du att ekologiska alternativ är för dyra? Tar det emot att stoppa ner det dyrare alternativet framför det billigaste i kundvagnen? Börja smått. Lite är bättre än inget. Byt ut varor du använder i små mängder först, t ex inlagda rödbetor, smörgåsgurka eller majonnäs. Ju fler ekologiska varor som säljs, desto mindre gifter sprids i miljön.

60 Refill

Om kaffet, tvättmedlet eller tvålen tar slut, välj hellre att köpa en påse refill än att slänga den gamla och köpa en helt ny. Det är billigare för dig, och du gör en insats för miljön. Dels tar refillpåsen mindre plats i transporten, och med många påsar gör det skillnad, dels går det åt mindre material i tillverkningen av refillpåsen.

61 Flera gånger om

En gång är en gång, två gånger är flera. Istället för alla engångsprylar som finns att tillgå – rakhyvlar, plastglas, papptallrikar m m – välj ett flergångsalternativ. Köp rakhyveln där bladet går att byta ut och använd hellre glas av glas.

62 Om och om igen

Investera i uppladdningsbara batterier. På så sätt kan du ladda batteriet och använda det åter och åter igen. Det är vänligare för både miljön och din plånbok.

63 Köp ficklampa utan batteri

Du använder antagligen din ficklampa ganska sällan, och när du tar fram den har batterierna börjat rinna, eller hur? Nästa gång du måste köpa en ny ficklampa, varför inte prova en som du vevar igång. Fungerar helt utan batterier! Finns bl a på Clas Ohlson.

Var frågvis!

64

Var inte rädd för att fråga personalen i din butik varifrån varorna kommer och hur de har hamnat där. Du får på så sätt veta bakgrunden, om den aktuella varan är ekologisk och rättvis eller inte, och personalen blir samtidigt uppmärksam på att kunderna faktiskt vill veta. Detta kan i sin tur leda till större medvetenhet och i långa loppet en förändring. Någonting alla vinner på!

ÅTERVINNING

65 Alla sätt är bra

Bor du litet och trångt och köket är överbelamrat med andra viktiga saker? Då kanske du tycker att det inte finns plats för källsortering. Lägg alla återvinningsbara förpackningar och pryttlar i samma kasse och sortera dem vid återvinningsstationen.

66 Till Återvinningsstationen (ÅVS) med:

dina förpackningar, tidningar och batterier. De finns på allmänna platser, vanligtvis vid butiker, bensinstationer och i bostadsområden. Där finns behållare för pappersförpackningar, plastförpackningar, tidningar, batterier, metallförpackningar och glasflaskor i färgat och ofärgat glas. Återvinningsstationen är inte bemannad, utan du får själv se till att du lägger var sak på sin plats.

67 Till Återvinnings-centralen (ÅVC) med:

elavfall, vitvaror och stora saker som ska återvinnas, t ex bilbatteriet, elvispen, fåtöljen, och allt sådant som inte kan lämnas till din närmaste ÅVS eftersom det helt enkelt är för tungt eller inte får plats. Återvinningscentraler är alltid bemannade, och personalen är där för att hjälpa dig.

68 Batterier till holken

Alla batterier ska alltid samlas in när de gjort sitt, vare sig de är miljöanpassade eller inte. På alla återvinningsstationer (ÅVS) och återvinningscentraler (ÅVC) finns batteriholkar eller -rör där du kan lämna dina batterier. Även vissa butiker har en batteriholk. Titta efter den nästa gång du handlar.

69 Passa in miljöbussen

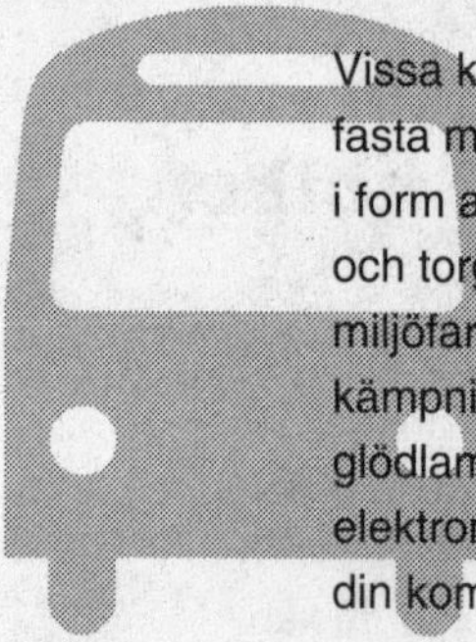

Vissa kommuner har som alternativ till fasta miljöstationer en mobil miljöstation i form av en buss som rullar på gator och torg. Till den kan du lämna diverse miljöfarliga oljor, kemikalier och bekämpningsmedel. Den tar också emot glödlampor och lysrör, liksom mindre elektroniska hushållsmaskiner. Hör med din kommun om hållplats och tidtabell.

70 Lämna in vitvaror

Lämna dem till freon- och metallåtervinning. Om du har köpt vitvaror efter den 1 juli 2000 är försäljaren skyldig att ta hand om dem när du köper nya nästa gång. Inte så dumt!

71 Återvinn dina däck

Gamla däck ska omhändertas så att gummit kan återanvändas. Gummiverkstäder är faktiskt skyldiga att ta hand om gamla däck. I en del kommuner, bl a Stockholm, kan du lämna in däcken till den vanliga återvinningsstationen. Mer info på www.svdab.se.

72 Panta mera

Av varje aluminiumburk blir det en ny. Så är det. Den är nämligen till 100 % återvinningsbar. Om du pantar varje burk du druckit ur behöver alltså inte fabrikerna fylla på med något nytt material för att det ska bli en ny burk. Samla ihop dina burkar och ta med dem när du handlar, och panta dem. Det varken tar särskilt lång tid eller är svårt. Egentligen.

73 De små detaljerna räknas

Även det allra minsta går att sortera och återvinna. Folien till crème fraiche-burken, skruvkorken till vinflaskan och värmeljushållarna (detta slängs i ”metall”).

74 Sortera ännu mera

Nyhet! Från november 2008 behöver du inte förvirrat stå på återvinningsstationen och febrilt leta efter en plats att slänga plastpåsen du burit glasflaskorna i. Nu kan även mjukplasten källsorteras! Det är ett bra sätt att bidra till minskat koldioxidutsläpp – 1 kilo återvunnen plast minskar utsläppen med 2 kilo. Dubbelt upp, alltså. Lägg den i samma behållare som den som tidigare bara var för hård plast.

75 Sortera papper

I ”papper” slänger du alla slags pappersförpackningar som t ex pastakartonger, mjölkförpackningar, juiceförpackningar, mjölpåsar, pappersbärkassar och toarullar. Trycksaker (tidningar, kataloger och magasin) däremot slänger du i behållaren för ”tidningspapper/returpapper”. Kuvert och Post-it-lappar är brännbara och de slänger du i soppåsen.

76 Sortera metall

Konservburkar, kaviartuben och läskburkar utan pant är exempel på ”metallförpackningar”. Men även lock (t ex från syltburkon) och kapsyler av metall är förpackningar som kan återvinnas. Separera alltså dessa från varandra innan du slänger.

77 Sortera plast

Plastflaskor med pant tar du med dig till butiken när du ändå pantar burkar. I behållaren ”plastförpackningar” slänger du t ex burkar, dunkar, små hinkar, korkar och lock. Numera slänger du även mjuka plastförpackningar i denna behållare. Krukor i plast, och cd- och dvd-fodral är brännbart och kan alltså slängas i soppåsen.

78 Sortera glas

Färgade och ofärgade glasförpackningar ska sorteras var för sig. Och de ska inte blandas med annat material (t ex porslin, keramik och dricksglas). De blandas inte ihop i lastbilen som hämtar från återvinningsstationen. Så du gör helt rätt i att slänga de färgade glasen i en behållare och de ofärgade i en annan (skruva av korken först).

79 Glödlampan?

Släng aldrig en trasig glödlampa i sop-påsen. Sockeln innehåller bly och andra metaller som inte ska komma ut i naturen. Lämna istället den trasiga glödlampan till återvinningscentralen (ÅVC), eller hör med din kommun om var du kan lämna den. Miljöbussen tar emot glödlampor.

80 Störst kommer först

Är en förpackning av två olika material som är svåra att separera är det den som dominerar som räknas. Juiceförpackningen t ex, den är av papper men har en skruvkork av plast. Den ska alltså ner i ”papper”, men skruva av korken först och släng den i plastbehållaren.

81 Platta till och vik ihop

Platta ihop förpackningar, eller lägg dem i varandra. Då tar de mindre plats, mer ryms och i längden blir transporten effektivare.

MILJÖMÄRKNINGAR

82 Välj rätt vara

En miljömärkning, oavsett vilken, är alltid bättre än ingen!

83 Välj ”ekologisk”

Varje vara som benämns som ”ekologisk”, vare sig den har någon märkning eller inte, har genomgått en kontroll som stämmer överens med EU:s särskilda regler för ekologisk produktion (läs vad dessa innebär på www.livsmedelssverige.org). Ibland är varan märkt med EU:s symbol för detta (axmärket), ibland står det bara ”ekologisk”. Är man osäker och vill kontrollera kan man på förpackningen leta efter ”SE Ekol” efterföljt av siffran 1,3, 4 eller 5 – det innebär att varan garanterat är kontrollerad och godkänd som ekologisk.

84 Välj KRAV

Miljömärket för mat. Strikta regler på att inga kemiska bekämpningsmedel, inget konstgödsel eller genmodifierade organismer (GMO) får användas för att varan ska få märkningen. Djurhållning och transport är inberäknat. Även importerade varor kan ha märkningen. Genom att köpa KRAV-märkta varor stödjer du dem i det miljöarbete de bedriver. Läs mer på deras hemsida: www.krav.se.

85 Välj Bra miljöval

Naturskyddsföreningens miljömärke. Märkningen finns på kemiska medel (t ex schampo, disk-, tvätt- och rengöringsmedel) och andra varor (t ex hushållspapper, värmeenergi och transporter). Endast produkter och varor där materialet som används kan återanvändas, återvinnas eller återföras till naturens kretslopp får märkningen. Kemikalierna ska vara lättnedbrytbara och inte giftiga för vattenorganismer. Det ställs också krav på utsläpp och på den energi som går åt för att producera varan eller tjänsten. Läs mer på www.naturskyddsforeningen.se.

Bra Miljöval

86 Välj Svanen

Vår nordiska officiella miljömärkning som granskar varor och tjänsters miljöpåverkan under hela livscykeln. Det ställs även krav på funktion och kvalitet. Märkningen gäller både varor och tjänster (t ex diskmedel, möbler och hotell och butiker) men kriterierna skiftar mellan grupperna. Läs mer på www.svanen.nu.

87 Välj EU-blomman

EU:s motsvarighet till Svanen.

88 Välj Svenskt Sigill

En kvalitetsmärkning på mat och blommor som innebär att märkta varor och blommor garanterat kommer från svenska gårdar och odlingar där man försöker minska användningen av kemiska bekämpningsmedel. Vissa miljökrav ställs. Läs mer på www.svensktsigill.com.

89 Välj Demeter

En märkning som står för biodynamisk och ekologisk odling, vilket innebär att biodynamiska preparat används på fälten och vid kompostering av gödseln. Förekommer ofta tillsammans med KRAV.

90 Välj axmärket

EU:s märkning för ekologiska produkter. Produktens beståndsdelar, förädling och förpackning godkänns av något EU-lands ekoövervakning. Övervakningen varierar mellan EU-länderna. Kraven är inte lika stränga som KRAV och Demeter och används ofta tillsammans med något av dessa.

91 Välj MSC

Marine Stewardship Council (MSC) är en internationell miljömärkning för fisk- och skaldjursprodukter. Reglerna för att få märkningen är att fisket ska bevara mångfalden, produktiviteten och de ekologiska processerna i havet. Bifångsterna ska minimeras och goda arbetsförhållanden ska råda ombord. Läs mer på MSC:s hemsida, www.msc.org.

92 Välj FFP-märkning

Fair Flowers Fair Plants (FFP) är en märkning av snittblommor och krukväxter och innebär att de är odlade på ett sätt som visar respekt både för människor och miljö.

fair flowers fair plants

93 Välj FSC

Forest Stewardship Council (FSC) är en interantionell organisation som certifierar världens skogar. En FSC-märkt skog innebär att skogen sköts på ett sätt så att naturvärdena bevaras, hänsyn tas till skogens ekologiska processer och urbefolkningens rättigheter respekteras. I Sverige kan man hitta märkningen på t ex grillkol, papper och trädgårdsmöbler. Träet i produkten kommer då från en FSC-märkt skog. Pappret i den här boken är FSC-märkt.

FSC ©

94 Välj TCO-märkning

En kvalitets- och miljömärkning av t ex datorer och mobiltelefoner. Märkningen innebär att apparaten uppfyller krav på arbetsmiljö och miljöpåverkan.

95 Välj EU:s energimärkning

Ingen miljömärkning, men märkningen visar hur energisnål varan är. Alla handlare är skyldiga att märka kylskåp, frysar, tvättmaskiner, torktumlare, diskmaskiner m m. Märkningen har en skala från G, som är sämst, till A++ som är energieffektivast.

96 Returpilar

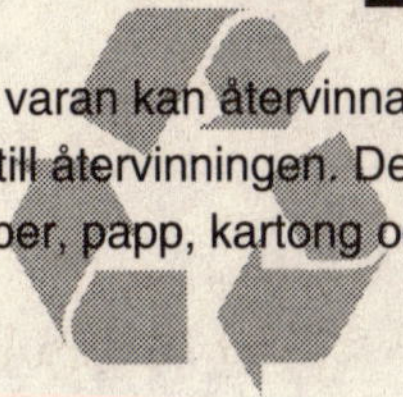

Symbolen visar att varan kan återvinnas, och det är du som lämnar varan till återvinningen. Den finns på förpackningar av papper, papp, kartong och well.

97 Pilar som en trekant

Symbolen hittar man på glas, papper, aluminiumburkar och plast. På glas, papper och aluminium innebär symbolen att materialet kan återvinnas. På plast har symbolen också siffran 0 plus en siffra mellan 1 och 7. Nollan betyder att materialet är plast, den andra siffran visar vilken typ av plast och har betydelse för hur produkten ska återvinnas. Siffrorna har ingen betydelse för konsumenten.

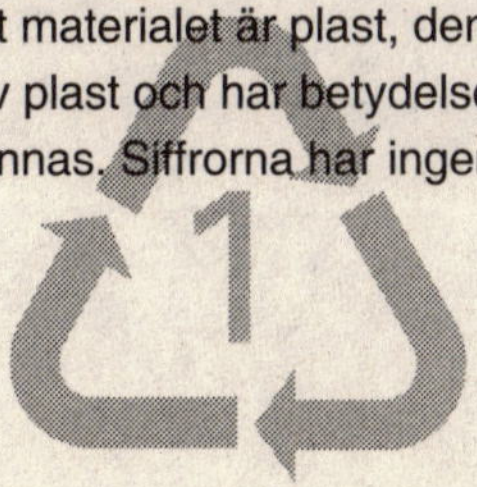

98 Att inte förväxla

Det finns fler märkningar än miljömärkningarna. Vissa säger något om varans innehåll, t ex Nyckelhålet, Rättvisemärket och Astma- och allergiförbundets symbol, men inget om miljöpåverkan. Andra märkningar säger inget om innehållet, t ex returpilarna.

99 Tänk på dig själv

Tänk inte: ”Det är ingen idé att jag gör det här, när ingen annan gör det”. Om alla tänkte så skulle ingenting någonsin bli gjort, vilket skulle få katastrofala följder. Tänk på dig själv: vad kan och vill DU göra för vår miljö? Och du, andra gör det visst.

100 Läs mer!

Det finns en uppsjö av böcker som berättar om miljöpåverkan och vad vi kan göra för en hållbarare framtid. Böcker som ger kunskap och inspiration, som får oss att förstå vad som håller på att hända och vad vi kan göra åt det. Läs och bli medveten! Låna på biblioteket eller köp ett exemplar. När du läst ut ditt exemplar, ge det till en vän. Det här är en bok för alla.